こころの糧

佐々木敬子

こころの糧　目次

先生への手紙

杉山先生へ

先生、若狭への旅行、楽しかったですね。
小雨にけぶる三方五湖も墨絵のようで素敵でしたが、
何よりも、久美子さんがあんなに言葉を言えるように
なったり、カラオケで歌ったりと、うれしそうにしていたので、
わたしたちも、もう二、三日一緒に居てあげたら、
もっと良くなるんじゃないか、などと話し合っておりました。
もうこの旅行会も、十五、六回目になりますが、
毎年、先生と一緒に旅行ができるなんて、
私達は幸せ者です。

先生の、『秋霜』を読ませていただきました。
昔、先生から読んでいただいたものもあり、
懐かしい気持ちになりました。
その中で、『君たちは知らない』の詩を読ませていただいた時、
私はとても大きな感慨を得ました。

先生に、折があったらお話ししてみようと思って
おりましたこと、
実は、昨年の同窓会の閉会の挨拶の中で、
それに触れようと思っていたのですが、たまたま挨拶の
寸前に会った友人が、新興宗教に入っておりまして、

世の中には、宗教としての神の存在なくしては、
生きる支えを失う人もあるのだな、と慮《おもんぱか》った瞬間、
私にとって一番大事な話を省略してしまうような事に
なりましたが、その思いを忘れない為に、文章に書いて
ありましたので、そのまま先生に送らせていただきます。

若さに溢れた　元気な君たちに　風にも　雨にも
負けないでねと　生命をこめて語る　ひと時
すべての疲れも　すべての苦しみも
僕は　忘れている

という、先生のあの日々の、私達への生命をこめた教えは、
ずぅっと、私達の行く道を照らしつづける光となっていたのだ
と思う、今日この頃です。

佐々木敬子

平成一五年七月五日

還暦記念

同窓会にて

あの顔も、この顔もなつかしい。

わんぱく坊主だったあの子も、今はしたり顔したおじさんになり、やんちゃだったこの子も、おすまし顔のおばさんになって、それでも今日は、すっかり昔の子供に戻って、しばしの楽しいひと時を過ごした同窓会であった。

終りのときが来て、閉会の挨拶のために、私は皆の前に立った。


「お話は尽きないようですが、皆さん、十分に楽しんで、久しぶりの旧交を温め合うことができましたようで、嬉しく存じます。

十六年前から始まったこの同窓会、一組が最初の会を担当してから、二組、三組、四組と順番に担当し、巡りめぐって、今日は再び一組の当番となりました。


今回の同窓会は、勿論、この還暦の年を記念し、共に祝う会にしたいと存じまして、皆で協力し合い、住所を調べなおすことから始まり、一人残らず電話をしようと決め、そして今日は、こんなにも沢山の方が出席できましたこと、本当に嬉しく存じます。

また、ご都合がつかず、残念ながら出席がかなわなかった方達が、皆さんに、くれぐれも宜しくおっしゃっておりましたことを、お伝えしておきます」

皆の屈託のない笑顔の中、私は一息ついた。

そして、昔を思い出してもらうように、言葉を続けた。
「さて、私たちは、体育を大石先生に教えていただきました。
先程よりのお話を伺っておりますと、大石先生は、どうも男子生徒には厳しい先生だったようですが、私達女子生徒には、とてもやさしい先生でした」

この言葉に、皆の歓声があがった。
大石先生は、今でこそお年を召して細くなられたけれど、あのやさしい笑顔は昔と少しも変わらない。

「先生の、あの筋肉マンのお身体とやさしい笑顔に、男子生徒も、女子生徒もみんな憧れていたと思います。そして私達は、先生に身体を鍛えることを教わり、今もこうして丈夫に元気に過ごしております」

「そして、音楽を尾藤先生に教えていただきましたね。先生は今、お身体をお悪くされていて、御出席かなわず、本当に残念です。奥様より、皆様にくれぐれも宜しくとのおハガキをいただいております。

尾藤先生は、いつも、指をタクト替わりに振りながら、

まるでスタッカートの拍子のようにスリッパの音をさせて
歩いていたのを覚えています。
尾藤先生のおかげで、私達は音楽を楽しむことを
覚えました。今でも私は、音楽が大好きです」

「歌も唄えるぞ」どこからか掛け声がかかった。

「そして、絵画を宮田先生に教えていただきました」
先生は、学校をおやめになってから、家業のお寺の住職
になられ、今ではそれもご子息に譲られているが、
坊主頭はそのままだ。
「あの頃先生は、ふっさりとカールした髪で、
すてきなセーターを着ていらしたのをおぼえていますが、
子供心に、パリの絵描きは先生みたいな人だろうと
想っておりました。
私達は、宮田先生に、物を見る眼と、美しさに感動する
心を養って頂きました」

「そして、国語は、杉山先生でしたね。
先生は、六年一組、私達の担任でした。
先生は毎日、私達に詩を詠んでくださいました。
ご自分で作られた詩も、沢山詠んでくださいました。
だから、私は詩を読むのが好きになりました。

今日は、私が歳をとったらもう一度読んでみたいと思っておりました詩を、詠ませていただきます」
私は、昔、先生が教室で皆に詠んで聴かせられたあの行間の呼吸そのままに、詠みだした。

生ひ立ちの歌　　中原中也

私の上に降る雪は
真綿《まわた》のやうでありました

私の上に降る雪は
霙《みぞれ》のやうでありました

私の上に降る雪は
霰《あられ》のやうに散りました

私の上に降る雪は
雹《ひょう》であるかと思はれた

私の上に降る雪は
ひどい吹雪とみえました

私の上に降る雪は
　いとしめやかになりました……

私の上に降る雪は
花びらのやうに降つてきます
薪《たきぎ》の燃える音もして
凍るみ空の黝《くろ》む頃

私の上に降る雪は
いとなよびかになつかしく
手を差伸べて降りました

私の上に降る雪は
熱い額に落ちもくる
涙のやうでありました

私の上に降る雪に
いとねんごろに感謝して、神様に
長生したいと祈りました

私の上に降る雪は
　いと貞潔でありました

※テキストは『中原中也詩集』（岩波文庫）を引用させて頂きました。

眼をとじて聴いて下さる先生や、友の顔があった。
ひと呼吸して、「昔、私が少女の頃…」と言葉を続けると、
「少女の頃かぁ」と声がしてクスクス笑う声がする。

では、もう一度と言葉を切り出す。
「昔、私が女学生の頃、友人とこんな話をしました。
『この漠とした孤独感は、いったい何なのか』と」
皆の気持ちが、こちらにひとつになって向いたのを感じた。

「もちろん、今ならわかるのです。孤独感というのは、
個の存在として生まれてくる人間が持つ、
最も基本的な思いのひとつであるということを。
でも、何もかもわからなかったあの頃、それについて友人
とさんざん語り合って出した結論は、
『私達は戦争のさなかに生まれ、どうも、親の愛情を
しっかり受けられなかったからではないか』
というものでありました」
「ウーム、そうだったなぁ」という友の声がした。

私は続けた。
「しかしこれは、大人になり、自身が子育てをするよう
になると、ずいぶんとそれは我が儘な意見だったと思える
ようになりました。

あの、戦争という大変な時代を、こうして生きながらえることが出来たのは、親の、もっと深い真摯な愛情があったからでしょう。

全く、私達は、真綿のような愛情にくるまれた幼年期を過ごしたのだと言えるでしょう。


そして、人は、物心がつく程に、今ある自分は、みぞれの中にあるように思われたり、あられに打ちつけられているかのごとく感じられたり、そして、世の中に出てからは、何度ひどい吹雪の真っ只中と思われたことか。

でも、いつかはそれもおさまり、静かな時をむかえるのでしょうか。


私は、若い頃、この詩を読んで、花びらのようにふってくるこのフレーズに、なんて甘ったるい言葉を使う詩人なんだろうと思っておりました。

今、こうして読み返してみた時、これは、二十九歳という若さで逝った中也には、とうとう味わうことのできなかった、人生の晩年の姿、中也の夢が、詠まれていたのではないでしょうか。

こうして還暦まで生きた私達には、どうも本当の現実は、もっと厳しいもののようだということがわかってきましたが、

時に、この詩にあるように、
暖炉の火のパチパチという音の中で、
ゆりいすに揺られながら、ゆったりと時の流れをいとおしむ
時間をもつようになりたいものと、思っております。

私の上に降る雪は
熱い額に落ちもくる
涙のやうでありました

このフレーズも、若い頃の私には、あまりに感傷的な言葉の羅列と思われておりましたが、でも今は、貴重な経験を経たうえでの、深い感慨をもって読むようになりました。

私事ではございますが、何年か前、主人が町の再開発に携わり、県と、市と、そこの住民の手による、核となる大きなビルを作り上げる長となったことがありました。

バブルの最盛期に計画されたものでしたが、建設にかかり出した時には、すでに始まっていたバブル崩壊の波を受け、主人のストレスは大変なものでした。
ビル建設の様々な苦労にも増して、主人の本来の仕事の行き詰まり、それらのストレスから、入院という羽目になりました。

『奥さん、再開発などという大きな事業をすると、必ず、その長となる人の、一人や二人死ぬことがありますから、気をつけてくださいよ』工事関係者の誰かが云った言葉が、重く胸によみがえりました。

銀行に行くと、こうも云われました。
『奥さん、もしもご主人に何かあったら、市をあげての一大事になりますよ。工事が途中でストップすることも…』
住民の期待を胸に、一丸となって始めたビル建設、ともかく、この再開発は遣り遂げさせなければ、という思いで考えに考えた末、決心をして、主人の負の部分を全部私が引き受けることにいたしました。

おかげで主人は、生き返ったかのごとく仕事を進め、ビルの完成、そしてビルの運営にと、歩を進めてゆきました。
しかし、その裏側で私は、順調にいっていた私本来の仕事をも危うくしておりました。というよりも、仕事は思う通りに進めることが出来ていたのだけれど、銀行の対応は、一度の躓きをも許されないものでありました。

三年がたったある日、私は銀行員に聞きました。

『こんなに仕事が順調にいっているのに、なぜこんなにも
対応が厳しいのでしょうか』
銀行員は言いました。
『奥さん、銀行は、男社会ですからね。御主人から
奥さんに代わって、仕事が上手くいったからって、
快く思う行員なんておりませんよ。
銀行はね、男社会なんですよ』
何度も、自分の言葉に頷く銀行員を見つめながら、
私は気が遠くなるような衝撃を受けていました。

それは、ある出張帰りの新幹線の中、
ずいぶんと込み合っておりましたので、立っている人が
沢山おりました。
仕事の疲れが押し寄せる中、これ以上私に何が出来るのか、
と思った時、悲しさというのか、悔しさというのか、
憤りというのか、おおきな熱い塊りのようなものが
自分の中を駆け巡ったかと思うと、涙が吹き上げた
ように頬をつたいました。
混雑している車内、人に見られるのは恥ずかしいという
思いで、持っていた週刊誌のページを開きました。
読んでいるかのように顔を伏せたそのとき、
眼に飛び込んできたものは、
弥勒菩薩の像でした。

よく見るとそれは、お墓の広告の写真だったのですが、
その途端、自分の意識は途絶えておりました。

随分と時間が経っていたのでしょう。
あんなにも沢山いた人達の姿は、まばらになって
遠くの席にポツリポツリ居るだけでした。
私は、はっきりと語りかける言葉で意識をもどされました。

『だって、生きている人間はいいじゃないか。何度だって
土俵に乗れるんだから』

私は、自分に語りかけたその声の主を捜して、
横の席を見、後ろの席を見、
でも、誰もいないことを確認したとき、
その不思議さにしばし呆然としておりました。

しかし、耳に残る声のトーンと、語調を反芻するうちに、
私は、その声の主はもう死んだ人で、生きているからこそ
出来る事が一杯あったんだと気がつき、一生懸命私に
語りかけてくれたのだろうか、と思いました。
また、神や仏がいるならば、
私はその声を聞いたのだろうか、とも思いました。

いづれにせよ、私はこの言葉によって、自分なりに生きていることの意味を、しっかりと自分のものにしたように思います。
そして、それまでの仕事を廃業して、もう一度イチからやり直したのです。
そして今は、仕事も軌道に乗り順風満帆です。

主人は、私が主人の負の部分を背負って最後までやり遂げ、主人を、町を守り通した一部始終を目の当りにして、廃業という事態に打ちひしがれていた私に、ポツリとこのような言葉を云いました。
『僕は、上手く云えないが、この世に信じられる人間がいる、ということがわかった』

その言葉は、私にとって大きな励ましにはなりましたが、それでも私の心の中にあった世の中への憤りは、なかなか消えませんでした。

でもそれを忘れる程に、忙しく仕事に打ち込んでいるうちに、周りが続べて上手くいきだしているのを感じだしたある朝、夜明けの目覚めの中で、私は、この詩の最後の言葉を、なぜかふいに思い出しました。

あんなにも憤っていた世の中の様々な仕打ち。
あれを、与えられた試練と思えば何のことはない。
私は、損も得も考えずに、主人を思い、人を思い、
町を思い、真っ直ぐ潔く生きて来たではないか。
そして結果として、再開発を成し遂げ、
あんなにも死ぬ苦しみをしていた主人は、
今こうして、活き活きと仕事と生活を楽しんでいる。
そして、何よりも、強い信頼を私に寄せてくれている。
また子供たちは、私を励まし、助けるうちに強くなった。
そして、大きな信頼を、子供たちとも結ぶことが出来た
と思うのです。

長い間、ヘタな生き方だと自分自身を悔やむ思いで
おりましたのに、そんな思いがウソのように消えて
ゆきました。

私の上に降る雪は
いと貞潔でありました

とってつけたような最後のこの一行は、
この時まで、何を云いたいのか覚らぬ言葉として、
疑問符のついたまま私の中にありました。

これで良かったんだという思いで、
朝のすがすがしい空気を胸いっぱいに吸い込んだ時、急に、
『貞潔』という言葉は、生きる姿勢をさしていたのだ、
ということを理解しました。

現実の中、悲しいことも、苦しいことも、泥まみれになる
こともある人生、それでもなお、
人として正しいと思う方向へ真っ直ぐ歩き続ける。
そして、最期のときを『いと貞潔でありました』と
胸をはって、満足感をもって迎えられるよう、
生きて行きたいものと思います。

今回、この同窓会を準備し、この、皆様への挨拶を考え
ているうちに、私はもう一つ、長い間心に引っかかっていた
ものが解けたように思われました。

それは、『生きている人間はいいじゃないか。
何度だって土俵に乗れるんだから』というあの声。
他人に言えば、ある者は、
『何もそんな神がかったことを言わなくても』
と、軽蔑の誹りを受けたことすら有りました。
でも、本当に耳にした私にとって、
あまりに不思議な事として心の中にありました。

しかし、私は思い出したのです。
幼き日、真っ白な心に、毎日、毎日、詩を詠み、
その詩の意味を聞かせてくださった先生。

それは、宮沢賢治の『雨ニモマケズ　風ニモマケズ』
であったり、
高村光太郎の『僕の前に道はない　僕の後ろに道は
出来る』というあの『道程』の詩であったりと。

先生は、あの詩を通して私達に、
『強くあれ、やさしくあれ、そして黙々と生きよ』
と教えてくださったのでしょう。
そして毎日、毎日、磨かれ鍛えられていった私達の心。
あの声は、その心の声だったのでしょう。

はるかに遠い昔、小学生であった私が、
先生からいただいた心の糧。
その心の糧が、あの苦しさを乗り越えさせる力となったの
だろうと、今は考えております。

終戦間もなきあの頃、
今とは比べるべくもない程貧しき日々の中、幼い私達の
為に、日々真剣に心を砕いてくださった先生方に、

今は、只々感謝の 心でいっぱいでございます。
そして、その教えは、これからもずっと
私達を守り続けていくのだろうと思っております。

私の上に降る雪に
いとねんごろに感謝して、神様に
長生したいと祈りました

皆様、どうぞくれぐれもお身体に気をつけて、
元気で、丈夫で、楽しい老後を迎えましょう。
それでは、『また会う日』を楽しみに。
これをもちまして、
閉会の挨拶を終わらせていただきます。
ありがとうございました」

平成十四年十一月

幼き子らへ
こころの糧

中田島砂丘遠足の思い出

中田島砂丘遠足の思い出

遠足って　楽しいよね
ばあばの　小学校の頃の　春の遠足で
忘れないのは　中田島砂丘だなぁ

中田島へは
黄色い菜の花と
紫がかったピンクのれんげの花が
見渡すかぎりに広がる田畑の道を
みんなで歌をうたいながら歩いていったよ

防風林（砂が風で吹き飛んでくるのを防ぐ
松の林）に着くと　ざざーんざ　ざざーんざと
海鳴りが　太鼓のように　ひびいてきて
胸がどきどきしてきたな

きれいな風紋（風で砂の上にできる　波型の
縞模様）のある
大きな大きな砂丘を　いくつか越えると
キラキラ光る海が　飛び込んできて

広い波打ち際まで
みんな　歓声をあげて　走って行ったよ
みんな　思いっきり遊んだなぁ
波と追いかけっこしたり
砂のお山を作って　トンネルを掘ったり
海にむかって　石投げ競争もしたっけ

楽しい思い出がいっぱいの　中田島砂丘なのに
おおきくなって行ったらね
砂丘が　とても小さくなっていたの

お友達に云うと
「ちいさい時には　なんでもおおきく見えるもん
だよ」っていわれて
「そうかなぁ」って思いながらも　うなづいたの

それがね　驚いてしまったよ
つい先日のテレビニュースで　砂と砂の間に
サンドイッチのようになった
ゴミやら　ナイロンの切れ端が

ボロボロ　ヒラヒラ
波に洗われている姿を映していたの

役所の人のお話では
「三十年前、海岸線より二百メートルも入って
埋め立てしたのに、まさかこんなことになるなんて……」
そして
「上流にダムができたことで、砂の堆積が無くなった
ことに原因があるのでしょう」
こう　話は結ばれていました

あの大きな砂丘が無くなっていったのは
現実のことだったのよ
これで　太古の蜆塚遺跡が　街の真ん中よりも
まだ北にある訳が　ばあばには
はっきり解ったけれど
まったく　自然というものは　生き物なんだねぇ

でも　ばあばにとって　何よりもショックだったのは
遠州浜は海ガメの産卵で有名なところだから
ここには　沢山の学者や　守る人や

見物人が来ている筈なのに
カメのことはお話ししても　誰も　砂丘のことを
大きな話題にすることは　なかったことね

ばあばは　よくよく考えてみましたよ
きっとね「昔のことなんて」っていう風潮の中で
年長者が　昔と比較して注意をうながす発言を
しなくなったこと
ここに　大きな原因があるんじゃないかと思ったの

それからばあばは　もっとお年寄りの人たちと
いろいろとお話をしたら
もうもう　あんまり面白くって
驚いたり　感心したりね
ばあばも「もっとみんなと、お話ししてみよう」
って思いました

この砂丘の話から　ばあばはこう思いましたよ
ダムと砂丘という、遠く離れていて
何んの関係もないようなふたつのものが

本当は大きな因果関係（因果とは　原因の因と
結果の果を組み合わせた言葉）
を持っていたんだということ

すべてのものには　原因があって
そして　結果があるんだよ

そしてそれは　目に見えない　気がつかない速さで
確実に　起こってゆくんだなぁ
と　深く深くおもいました

自然もそうなら　世の中の事もそう
特に　人の心はね

砂丘のことは　淋しいことだったけど
ばあばは　こんな話も新聞で読んだことがあるよ

雨の降らない　緑もない土地でね
ある人が作物を作ろうとしたんだって
失敗を繰り返しながらも　努力して　努力して
やっと作物がなるようになったら

今度は　上昇気流（水分が蒸発して、
上に昇って雲をつくり、雨を降らせる空気の流れ）
が発生しだし　雨が降るようになって
そこが　だんだんと　もっと作物の採れる
緑豊かな土地になってきたんだって
その人は
「ここまでくるのに、十五年かかりました」
って　言っていたよ

ばあばは　昔読んだこの記事を
いつも心のなかに　大切に取ってあるの
人殺しや　汚職や　公害や　嫌な事件がいっぱいの
新聞の片隅に
ちいさく　ちいさく載っていた記事だったけれどね
ばあばには　それが今も　一番大切なニュースだな

夏休み　長野にて

夏休み　　長野にて

作物といえば　夏休みに長野にいったでしょ
小松のおじいさんから　採れたての大きな大きな
キャベツを両手に渡されて
ヨロヨロって　尻もちつきそうになったこと
覚えているかな
みんなで大笑いしたね

この絵は　その帰り道　蝶々を追いながら歩く
あなたたちの姿を描いたものです

その向こう側に広がる田んぼには
八月も半ばすぎというのに
穂のつかない　青い稲がありました
小松のおじいさんの優しい目が　悲しそうになって
「もう三、四日で穂がつかなきゃ　刈ってしまう
しかないさね」って　つぶやきました
平成十五年の夏は
寒いくらいに涼しい日が続いていました

ばあばは　小学生の時
杉山先生が教えてくださった

宮沢賢治の『雨ニモマケズ』の詩の中の
「サムサノナツハオロオロアルキ」
という一節を思い出しました

先生は　冷害（気温が低かったり　日射量の
少ない夏に　農作物が被害を受けること）の
こわさを教え　自然の前には　手も足も出ず
オロオロするしかない　農民のことを
お話ししてくれたのよ
自然と戦いながらするお仕事は　大変だね

でもね　見ててごらん
雪がとける春になると
小松のおじいさんはまた
一生懸命に田畑を耕して　いっぱい作物を作って
夏休みに　みんなが来るのを待っていてくれるよ
お花の咲くあぜ道を　ピョンピョンかけまわる
みんなを思い浮かべて
今日も　ヨイッショ　ヨイッショってクワを振ってるかな

小松のおじいさんは　えらい
人間って　えらいんだよ
『雨ニモマケズ』の詩を教えてあげるね

雨ニモマケズ　　宮沢賢治

雨ニモマケズ
風ニモマケズ
雪ニモ夏ノ暑サニモマケヌ
丈夫《ヂヤウブ》ナカラダヲモチ
欲《ヨク》ハナク
決シテ瞋《イカ》ラズ
イツモシヅカニワラッテヰル
一日《イチニチ》ニ玄米《ゲンマイ》四合《シガフ》ト
味噌《ミソ》ト少シノ野菜ヲタベ
アラユルコトヲ
ジブンヲカンジョウニ入レズニ
ヨクミキキシワカリ
ソシテワスレズ
野原ノ松ノ林ノ蔭ノ
小サナ萱《カヤ》ブキノ小屋ニヰテ
東ニ病気ノコドモアレバ
行ッテ看病シテヤリ
西ニツカレタ母アレバ
行ッテソノ稲ノ束《タバ》ヲ負《オ》ヒ
南ニ死ニサウナ人アレバ
行ッテコハガラナクテモイイトイヒ

北ニケンクヮヤソショウガアレバ
ツマラナイカラヤメロトイヒ
ヒデリノトキハナミダヲナガシ
サムサノナツハオロオロアルキ
ミンナニデクノボウトヨバレ
ホメラレモセズ
クニモサレズ
サウイフモノニ
ワタシハナリタイ

※テキストは『宮沢賢治詩集』（白凰社）を引用させて頂きました。

ねえ　みんな『雨ニモマケズ』の中の
「デクノボウ」って　一体何なんだろうね
デクっていうのは　お人形のこと
ボウは　棒切れのこと
棒切れに　お人形の頭がついているみたいな
何の役にも立たない人のことを
デクノボウっていうんだけどね

でもね　ばあばはこんなことを聞いたことがあるよ
歴史上で　平穏な時代の王様や将軍の名前は
あまり知られないって

そう　賢治のいう「デクノボウ」は
世の中の皆のことを　細やかに　静かに　穏やかに
賢く見守っていて　ことを荒立てないから
役に立っているのか　いないのか　わからないけれど
その人がいるからこそ　色々なことがスムーズに
動いていく　そんな人のことだと　ばあばは思うの
ばあばが中学生の時に　先生から聞いたお話も
これとよく似ているように思いました

エジプトの赤い山

エジプトの赤い山

ばあばが　中学生の時に聞いたお話

暑い国の　あるお屋敷でのこと
大きなテーブルで　大勢の人達がお食事をして
おりました
あるご婦人が召使いを呼んで　そっと頼みました
「ドアを開けて　ドアの向こうに　ミルクの入った
お皿を置いてください」
近くにいた人達は何だろうと不思議に思いましたが
ご婦人のお話と笑顔にいつしかすっかりそのことを
忘れておりました

しばらくして気がつくと　大きなヘビが
お皿をめがけてニョロニョロ這っていくのが見えました
ご婦人は　自分の足の上にヘビが這っているのに
気がついたのね
そこで　召使いに頼んで
ミルク入りのお皿をドアの向こうに置かせ
そうっと　ヘビを外に追い出したの

皆は大騒ぎになって
どうしてもっと早く言わなかったのか
と口々にご婦人に云いました

ご婦人は　静かにこう答えたそうです
「もし　あの時私が騒いだら
私か　どなたかがヘビにかまれたことでしょう
もしかして　テーブルやら食器やらひっくり返して
けが人が出たかもしれません
だから　怖いのをガマンして
そうっと外に出したのですよ」

何があっても　静かに賢く　皆が動揺しないように
対処することが　なぜ　大切なのか
このお話を聞いて　ようく理解したのを
ばあばは　今も思い出します

エーゲ海　潮の香り

エーゲ海　潮の香り

小松のおじいさんの手は
農家だし　大工さんもしているから
土がしみついていて　ゴツゴツしてるけど
お野菜を採るときは
優しそうで　力強い手だね

みんなは　お仕事をしている人の手を
見たことがあるかな
工場で働く人の手は　機械油がしみついている
染織の人は　青い色がしみついている
織物の人は　爪をギザギザに切ってある人もいるよ
お医者さんの爪は　きれいに切ってあるけど
クレゾール（消毒液）のにおいがするよ
そして　この絵の中の　港で働く人の手は
きっと　潮の香りがするんだろうね

みんな　家族のために
一生懸命がんばっているから
そのお仕事が手にしみつくんだよ
そして　それを誇らしそうにしているのは、
お仕事をするのが　お金のためだけじゃなくて

きっと人の役に立っていることが
とてもうれしいからだよ

この前　杉山先生が
ご自分で作られた詩集を皆にくださったの
ばあばがおぼえていた
「病気のお母さんに　軽い布団を買ってあげたい」
という詩も載っていて
小学校のお教室の風景が　眼に浮かんできましたよ

その中でも
先生が　どんな気持ちで生徒たちを
教えてくださっていたのかを知って
胸がいっぱいになったのは
『君たちは知らない』という詩でした

君たちは知らない　　杉山勝治

君たちは知らない
ぢりぢりとつきさす　はげしい光を
どろんこの中で　生きるための　食うための
斗いにあがく　僕の姿を
しかし
若さに溢れた　元気な君たちに　風にも　雨にも
負けないでねと　生命をこめて語る　ひと時
すべての疲れも　すべての苦しみも
僕は　忘れている

君たちは知らない
窓辺にささやく小鳥の声に
広い広い大空を　あてもなく旅する白い雲に
となりの子の　パチンコに
君たちは語り　君たちはさざめく
ああ　みじめな僕の　生命をこめた祈りを
君たちは知らない

ばあばは昔　先生の手が
チョークで真っ白だったのを　懐かしく思い出しました
先生は　こうおっしゃたの
「あの頃『詩なんて教えて　何になる　教科書だけ
教えていればいいんだ』って怒られたことがあったんだよ
でも僕は『自分のしていることは　子供たちにとって
大事なことなんだ』という信念をもって　君たちに
教えてきたんだよ」

戦後の苦しい生活と　社会の荒波の中にありながら
生徒を前にした時は　そのすべてを忘れて
命をこめて語ったという
先生の　あの沢山の詩の言葉と　意味と　問いかけ
それは　生徒ひとりひとりの心の糧となって
ばあば達みんなの人生を　支えてくれてきたんだよ

グレートバリアーリーフの休日

グレートバリアーリーフの休日

まりちゃんがお土産にくれた写真が
とってもキレイだったから　絵にしてみたのよ

この島へはね　水上飛行機でいくんですって
真っ白な砂浜　波間に透けて見えるサンゴ礁
そして　空とも海ともわからない
遠いブルーの　混ざり具合が素敵で
描きながら　ばあばもすっかり
潮風に吹かれているこのお姉さんの
気分になりました

ばあばは絵筆を動かしながら
「まったく　人間ってぜいたくな生き物だなぁ」
って　つくづく思いましたよ
だって　人間ってとても淋しがりやで
「孤独は耐えられない」なんて言いながら
一番のぜいたくは
「こんな南の美しい孤島で　誰にも邪魔されないで
海の色の移り行くさまに心を奪われていたい」
とこの絵は謂《い》っているようだもの

人は　生まれた時から個の存在（一人一人ちがう
形で生まれ　ちがう考え方を持ち　ちがう生き方
をするもの）として　この世にあるのね
頼りなく　裸っぽで　オギャーと生まれて
目で見たもの　耳で聞いたもの　この身で
体験したものだけで　自分を作り上げていくのだね

ある時　ばあばは
声を張りあげて言い合っている　お友達同士を見て
仲の悪い人たちだなあ　と思ったの
でも　よくよく聞いてると　どちらの人も
考え方によっては正しいことに気がついて
人間は　それぞれの経験で
正否（正しいことと間違っていること）
を決めようとするものだな　と思ったの

それから　ばあばは　自分とは意見の違う人でも
その基となる考え方を必ず聴くようにしたのね
そうして　両方で歩み寄って　また新しい考え方や
方法を発展させていくようにしたの

個の存在は淋しいけれど　個と個がぶつかりあって
エネルギーいっぱいに　怒ったり　笑ったりしながら

発展していくのは　なんて面白いんだろう
「生きてることって　楽しいことなんだ」って思ったよ

あの蜆塚遺跡が物語っているように
海で拾った貝しか食べるものがなかった太古
言葉もなく「ウー」と「オー」でしか相手と話すこと
ができなかった太古
冬の凍える寒さを　裸で過ごさなければならなかった
そんな　原始の太古より　今　みんながいる
この時代まで　どうやって発展してきたのだろう

あの　中田島の砂の一粒　一粒のように
人間の知恵の一粒　一粒が積み重ねられて
この文明の世に発展してきたんだよ

そして忘れてならないのは　その基に心があったこと

病気で死ぬ人のないように
河の氾濫で死ぬ人のないように
夜の闇をこわがらなくてもよいように
誰かのためになろうとする心があったからこそ
頑張った知恵なんだよ

曇り空のホワイトヘブンビーチ

曇り空のホワイトヘブンビーチ

オーストラリア旅行から帰ってきたまりちゃんが
「あんなに楽しみにしていた
ホワイトヘブンビーチが　雨だったの
ほんとなら　真っ白な砂浜に　コバルトブルーの海の
はずなのに　ラムネ色だったよ」
写真を見せながら　がっかりしたように言うので
かわいそうになって
写真のとおりの　思い出の絵を　描いてあげたのよ

曇り空は　さみしいね
ばあばは　灰色の雲を描きながら
子供の頃　はじめて心が曇った時のことを思い出したの

今もそうだけど　ばあばの小さなときも
いつも中東の戦争のことが
新聞の大きな見出しになっていたのよ

神様に熱心に祈りながら
絶え間なく戦争をする人達のことを　聞くにつけ
訳のわからないかなしさで　心が曇るということを
ばあばは　初めて知りました

お父さんや　お母さんや　いろんな人に
神様について聞きました

そして　ばあばが　神様と思っていた
お釈迦さまも　イエス様も　モハメット様も
皆　ばあばと同じように
人間が生きていくうえで起こる
苦しみや　悲しみや　争いに
心を曇らせていたんだということ
そして　それについて一生懸命に考え
悟りを開き
その教えを広めて
神格化（神様とあがめられた）された
人間だということを知りました

じゃあ　本当の神様っていったいどこにいるんだろう

ある日　国語の授業で杉山先生が
黒板に真っ白なチョークで
「正直の頭に神宿る」
と書きました

先生は　優しい　真面目な顔で云いました

「神様は　どこにいるのかな
天にいるのかな
祭壇の中にいるのかな
皆　胸に手をあてて考えてごらん
これが良いことか　悪いことか
誰れに教わらなくても　わかるだろう
不思議だねえ
神様はね
正直でいよう　正しい行ないをしよう
良い心でいよう　とする人の頭
つまり　心の中にいるのだよ
みんなの心の中にある良心
それが　神様なのだよ」

ニッコウキスゲと入道雲

ニッコウキスゲと入道雲

ばあばは　自然が大好きだなぁ
青い空を見上げながら　胸いっぱいに吸う空気は
なんて　おいしいんだろう
ばあばのお気に入りは　霧が峰

五月はね　山々が若草色に萌えて
果てしなく　広がっているんだよ
そのうえを　空ゆく雲のかげが
ゆったり　ゆったりと流れてゆくよ

六月はね　可憐な赤いレンゲツツジの群れが
白い霧の中から浮かびあがってくるんだよ

七月はね　この絵のまんま
もくもくとした　おおきな入道雲を背に
オレンジ色のニッコウキスゲのお花が
山一面に咲いてね

それから八月
名前もおぼえきれないほどに
いっぱいのお花が咲いて

特にばあばは
あのうす紫色のマツムシ草が
風にゆれてるところが　好きだなぁ

そして
木の葉のいろどりに歓声をあげる秋が過ぎるとね
やがて雪が降って　遠くまで連なる山々が　一斉に
真っ白にキラキラ輝く冬がやってくるのよ

霧が峰はね　ばあばが行くと
いつだって　どんなときだって
素敵なニコニコ顔で迎えてくれるんだよ
ばあばは　元気なオレンジ色でお花を描きながら
こんなことを思ったよ

霧が峰にだって　嵐の時はあるだろう
風がビュービュー吹いて
草も花も　引きちぎられそうになるのだろうな
真っ黒な夜の空に
いなづまが　ピカピカ光ることもあるんだろうな
でも　お山は　そんなことにはビクともしないで
時を得ながら
いろんなお花を　いっぱい咲かせてゆくんだなあ

ねぇ　みんな
人間もね　自然の中の一員なんだよ
雨にも　風にも　嵐にだって負けないで
いっぱいお花を咲かせることができるのよ
そう　あなただけの　すてきなお花をね

ある授業で　杉山先生は
こんな詩を教えてくださったの
その時　先生はこうおっしゃったのよ
「いいか
はじめから　みんなの前に　道があるのではないんだよ
みんなが歩いてきた後が　道になるんだよ」

ばあばは　この『道』という言葉が
いつも学校へ通う道路のことではなくて
人が生きて行く軌跡（人の行動の跡）
のことをいうのだということを初めて知って
とても厳粛な心持ちになったのを
今でもおぼえているよ

最後に　ばあばの大切にしているその詩を
みんなにも　教えてあげようね

道程　　高村光太郎

僕の前に道はない
僕の後ろに道は出来る
ああ、自然よ
父よ
僕を一人立ちにさせた広大な父よ
僕から目を離さないで守る事をせよ
常に父の気魄を僕に充たせよ
この遠い道程のため
この遠い道程のため

※テキストは『高村光太郎詩集』（白凰社）を引用させて頂きました。

こころの糧

*

2004年 4 月11日発行
著者・発行者／佐々木敬子
発売元／静岡新聞社
〒422-8033　静岡市登呂3-1-1
電話　054-284-1666
印刷・製本／図書印刷
ISBN4-7838-9601-1 C0095